生生涅槃

胡軍軍———著

春在枝頭已十分

　　我時常慶幸，稍微碰觸了些禪機佛理，生命的飽滿欣悅之感由此而來。試想過往的人生經歷，如果從未沐浴過這些通透的道理，我必然是徬徨而蒼白的。

　　人類自大慣了，看著地上匆匆行走的螞蟻，從來不會對螞蟻的喜怒哀樂感同身受；在偌大的星河之間，人類的存在，連螞蟻的大小都不如，那誰在乎我們的喜怒哀樂呢？既然我們渺小到這個程度，我們那些無窮的欲望，深沉的悲喜，豈不令人啼笑皆非。

　　佛經上經常念到三千大千世界，就是在不斷提醒眾生的渺小，偏偏我們最是執著這個大我，為了滿足大我各種外在的需求，活得疲於奔命，狼狽不堪。所以，我欽佩那些生死自如的禪師們，他們活得風淡雲輕，離去時，瀟灑自如。生命，

不就是活個態度嗎？

　　我離參透生死的奧祕還有萬里之遙，因為嚮往著不生不滅的涅槃境界，從事了以「涅槃」為主要表現形式的藝術手法，從繪畫到雕塑，我樂此不疲。以我喜新厭舊的個性，實在找不出另一種藝術形式，可以支撐我長長久久地持續下去。有時在空無一人的工作室裡，每當完成一件令自己滿意心動的作品，那份不可與人言說的歡喜，遠遠超越了世俗生活的給予。

　　涅槃從不是死氣沉沉，卻是最為充滿生機的宇宙真相。生死輪迴，不曾停止，生生不息，涅槃卻在當下，無過去可尋，無未來可追。

　　每一個生命，需照顧好自己的心念；如此不計其數的念頭，如果都純淨良善，是否就是聖嚴法師所提倡的人間淨土呢？改變他人著實不易，不如先從

自己做起吧！每一天都能少煩少惱地活著，就不如恭喜自己，離那涅槃的境界接近了分毫。

　　我喜歡「如幻」兩字，明明悲歡離合在無常的時空裡如此真實，但因緣生，因緣滅，沒有哪一種痛苦能永恆，包括我們與生俱來的對死亡的恐懼，生和死從來都沒分離過，如同手掌的正面和反面。如幻，我們不過是寄居的旅人，路過便休，我們是誰？這樣的問題交給海闊天空吧！

　　這些年，我愈來愈崇尚禪的偉大，禪的徹底，禪的極度自由和脫俗恣意，從來不是為凡夫敞開的。因為禪，我的作品多了些輕鬆詼諧的成分，色彩運用中的斑斕跳躍，也是對生命的一種解讀，衝破框架而悠然自得。我的根性雖然不利，但至少在生活中，提醒自己，當做無情人，何懼多情事，牽牽絆絆的瑣事自然遠離了許多。憂天

憂地，頭上安頭，禪者，何苦浪費這些時光？

感恩二〇〇三年那驚鴻一瞥，讓我看見風雪中一位行腳僧人的身影——聖嚴法師，因為他所創立的法鼓山，今日有此因緣，錄得此書畫小集。

正值冬季，萬物凋零而生機深藏，生生涅槃，涅槃生生！君不見，春在枝頭已十分！

寫 於 二 〇 二 一 年 十 二 月 冬 上 海

學佛良久，自問為何學佛？生死徬徨，輪迴苦海，幸好有一位釋迦牟尼佛曾來過世間，讓眾生了知因緣，萬法不生不滅，生死可以超越。

這便是涅槃的真正涵義吧！如此說來，涅槃，才是佛陀留給世間最慈悲、最通透、最偉大的教法。

我的足跡曾經到訪過很多個千佛洞、萬佛洞，千佛萬佛的題材見於各種石窟的雕刻、壁畫、造像碑，歷朝歷代層出不窮。佛國的世界無比美好，美好到不可思議。種種願望心想事成，處處所見鳥語花香，遠離疾病煩惱，再無生老病死。

一花一世界　一葉一如來

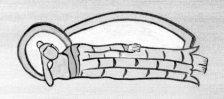

清信士第觀 2020

友人來訪工作室，看到畫上的「自在」二字，不由感嘆：「其實要自在挺難的！」人之一生，為功名利祿奔忙，為養家糊口勞作，終此一生，難得自在。

修得福報，才有那麼些小自在；如佛陀者，無上清涼，得大自在。

自在

橋上的書僮挑著一大擔經書：中觀、唯識、禪宗公案⋯⋯。我輩愚鈍如書僮，往往走著走著忘記了月亮，只盯著指月之手指。我常常感嘆，讀過的佛經如此醍醐灌頂，經歷的風景已然蕩滌人心，遇到的師父也足夠高山仰止，為何還是沒有洞見本來面目？

其實，涅槃無處不在。

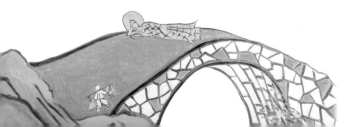

世界各國的文化璀璨，人才輩出，卻唯有中國文化中，用「文人」特指一個群體。中國的文化，如果離了文人，該是索然無味的吧！單單一個蘇東坡，給我們的生活帶來了多少意味深長的回甘無窮。

他說「人有悲歡離合，月有陰晴圓缺，此事古難全」，這樣的句子放在枕邊，即便淚沾眼眉，也是溫厚的悲傷。他說「竹杖芒鞋輕勝馬，誰怕？一蓑煙雨任平生」，我們便邁出了少年般天真的步伐，雲水三千，所有的苦難竟是如此值得！他還說「人似秋鴻來有信，事如春夢了無痕」。東坡居士若在眼前，會拍拍我們的肩膀，笑稱「無事無事」！

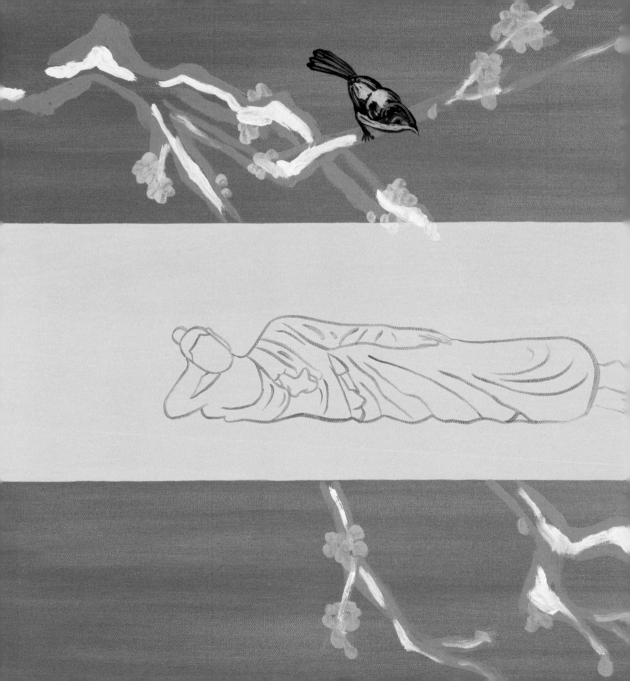

歸來偶把梅花嗅，春在枝頭已十分。生活中多少事情尋尋覓覓不得，後來把心擺正了，才柳暗花明了。

「認識你自己」，這個提醒充滿了智慧，天天和自己在一塊兒，卻也忘記了自己的潛力，善起來可以當菩薩，惡起來像一個魔鬼。不斷地認識你自己，把觀照的心隨時提拈，善因緣愈來愈豐滿厚實，或許哪一天，梅花的暗香就能從鼻間飄然而過了。

我自小對塔情有獨鍾，有塔之處，風景別有滋味。中國幅員遼闊，到處有塔，尤其是無意間遇到的古塔，即便是殘垣斷壁，亦令人欣喜若狂。青年時代讀到資料，原來塔的起源是因為供奉佛陀的舍利，為了紀念朝拜而建。二〇〇三年在紐約的住處不遠，邂逅了聖嚴法師的著作，從此走上了學佛之路。二〇一五年，開始了以涅槃為主要題材的藝術創作。

原來佛塔與涅槃之間，冥冥中早有千絲萬縷的關係，我只是那個幸運的人，此生可以親近佛塔，親近涅槃。

有一年在莫高窟，發現壁畫上有
許多的袈裟裝飾很是特別，打聽
之下，原來這種袈裟叫「山水袈
裟」，光聽名字就覺著高貴。我
請教研究院的長者，這「山水袈
裟」僅僅是一個意象還是真實存
在過的？回答是肯定存在過的。

我們無福得見，是因為遠離了佛
陀的時代，曾經佛法昌隆的歲
月，多少座廟宇金碧輝煌，香煙
繚繞。北魏年間，洛陽城中曾有
一座永寧寺塔，據推算超過百米
以上，因遭雷擊毀於大火，今日
若在，應該能列入世界奇觀的。

「山水袈裟」莊嚴成何等程度不
得而知，只有在心中揣摩了。

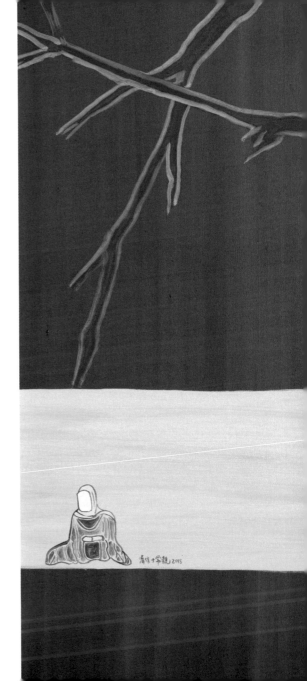

江畔何人初見月？江月何年初照人？
唐代的張若虛一首《春江花月夜》孤
篇壓全唐。

我常常形容自己在看到一件好的藝
術、好的設計、好的攝影，會令我
「眼睛一亮」，被美好的事物驚豔的
那一刻，是上天賜予的格外的感受。
那一刻，忘記了時間空間，泯滅了心
物二元，在天地間，心懷謙卑，與自
然造物對話，實為人生快意之事。想
當年，初讀《金剛經》，感受到法雨
綿綿，何嘗不是「眼睛一亮」！

色彩，是件無比奇妙的事情。十幾年前，我連續做了幾個展覽，整個空間的作品呈現都是單色調的，那時的我，癡迷那種很觀念、很文學性的作品；為了追求所謂的純粹，我絕不濫用色彩，真是惜彩如金。後來因為有了禪法的滋潤，潛移默化中，生命愈來愈能收放自如，於是有了後來的色彩上的揮灑恣意。禪宗公案裡的拳打棒喝，哪一件不是要我們放下界線，何苦畫地為牢呢？

感謝色彩，
因為這些斑斕的色彩，
我周邊的朋友們說，
這些色彩療癒了他們。

「清涼」二字仿摹了弘一法師的字體。他青年時才華橫溢，卻偏偏選擇了最為嚴苛的律宗做為修行的日常。他晚年的墨跡消殆了人間的煙火氣，走在寂滅為樂的途中，但旁人一寫，反而可能寫成萬念俱灰的味道。

書法的一撇一捺間，差不得分絲分毫，在在處處顯示書寫者的功力和心境。在所有的技巧中，書法的炫技可能成為一種障礙。書法只分大概的篆、隸、草、行、楷，卻成就了無數書家的個性風采。

我欣賞弘體極度的圓融和隱忍之美，因為仰望的緣故，至今不敢提筆，怕壞了書家筆墨間的尊嚴。

如果要我描述中國傳統文化的典型符號，
腦子裡最先冒出兩樣：一樣是古代房屋建
築的歇山頂，百看不厭；另一樣便是橋。
橋的設計者都是能工巧匠，而中國的古橋
尤其意蘊優美。橋頭的離別平添了幾分憂
愁，橋上的駐留激發了無數靈感。中國人
的人情味，因為橋，更加地纏綿。

縱覽這一千五百多年的本土佛教
藝術史，雖有後朝的雍容華貴，
技藝嫺熟，我卻獨獨鍾愛南北朝
時期特有的脫俗超然，空靈剔
透。這股瀟灑飄逸的氣質，在後
來無數的造像繪畫中再也尋覓不
得。我繪製的涅槃佛像，權當是
對那個時代的無限留戀和憧憬。

逛博物館是我生活中的一大嗜好，有很多回我都是提著行李，直接從機場第一站趕到博物館。博物館是歷史的縮影，而歷史是人性的再現。這面歷史的鏡子，如果能讀進去，你將聽到戰鼓陣陣，秋風颯颯，人性之間的博弈，殘酷猙獰。而人性之間的博弈，是因為執著導致，執著權位、金錢、情愛，人之壽命，最長者不過短短百年，但每一個人都演得足夠認真，足夠投入。

一切的執著終將過去，一切的繁複將歸為簡單，我將不再是我，世界也不再是世界。

037

萬古長空，一朝風月。

寫這句話的是唐代的崇慧法師，他曾在天柱山結茅安禪近二十年。天柱山在哪裡？多數人不知道。它位於今天的安慶潛山縣，從來沒有熱門過的一個景點。因為喜歡「萬古長空，一朝風月」流露出來的氣勢和決斷，我曾經登過兩次天柱山，最有特點的是天柱山的石頭，那叫一個禪風凜然！如果不是因為這些奇石，崇慧和尚怕是寫不出這樣的文句。如今的天柱山，找不見任何禪房和茅棚的痕跡，但是開車一小時的範圍，二祖寺和三祖寺都有遺址在，也值得參訪緬懷。

因為居住在上海的關係，離浙江近，這些年去得最多的應是國清寺。國清寺因為智者大師的名字而聲名遠播，大師當年在天台山華頂設置拜經台，面向西方印度虔誠求法禮拜十八年，《楞嚴經》才得以傳播到中原東土。

智者大師建立了天台一宗的解行規範，對佛教的影響深遠。我雖然常去，因為才疏學淺，至今對《摩訶止觀》的法義不得要領，只有當一個普通遊者的份，每次去瞻仰國清寺的唐樟隋梅都是滿滿地膜拜之情。趕上幾次隋梅開得燦爛的季節，見到了都是十足地歡喜。有一年在寺裡用餐，大和尚說給我們一行嘗嘗隋梅醃泡後的滋味，心裡連連念著「阿彌陀佛」來感恩這從天而降的福分。隋梅的味道當然好，但願這份隋梅的加持多給我些智慧吧！

我渴望生命的每一個當下湛然明亮。涅槃之路雖然遙遠，好在有了耕耘的起點。

一個藝術家的觀
念在宇宙萬法裡
何其微不足道，
一個個體生命的
悲喜榮辱更是夢
幻泡影。

雲淡風輕，此時正好。

佛經傳到中國，很多意思無法精確地翻譯，只好保留讀音，以免誤解了原有的意思。比如「般若」，是指超越世智辯聰的大智慧，是要了生脫死的，不是生活中的小聰明可相提並論。一提到「般若」，佛教徒之間心領神會，知道是此智慧，非彼智慧。比如「涅槃」，也是音譯，不是指普通的死亡，而是直達清淨圓滿的不生不滅的境地。比如「南無」，是皈依的意思，可是直呼「皈依阿彌陀佛」，好像還不夠誠心，一稱「南無阿彌陀佛」，便足夠的虔誠，似乎這樣念誦，阿彌陀佛才會現身接引。

文字的精妙之處，在佛經裡比比皆是，我誦讀《楞嚴經》時最有體會，暫且不論其中的法義，經文不知經過了多少文學高手無數遍地精雕細琢。

二○○三年我在聖嚴師父座下皈依三寶時，得到人生中第一個法號「常觀」，按耐不住地歡喜，終於在佛菩薩那裡入了戶籍，從此生命走得愈來愈穩健。

關於法號，另一件趣事。幾年前和朋友去參加一個法會，結束時主法和尚給弟子舉行皈依儀式，我也隨喜加入。我們幾個是「元」字輩，法師點到我時，給了個「清」字，說就叫「元清」吧！幾個月後，讀誦《楞嚴經》第一卷，佛陀對阿難的開示中提到「兩種根本」，「二者無始菩提涅槃元清淨體……」，「涅槃」和「元清」竟然連結在一起！

原來每個人的使命都已經被巧妙地安排，無論使命大小，我們要做的，就是踏踏實實地把每一步走好。

亭子的功能就是停下來歇一歇的
意思，古人懂得風雅，不像現代
人少了許多閒情逸致。

在山林中行走，走過一段路程便
會出現一個亭子，可以稍稍躲過
烈日炎炎，或者突如其來的暴風
驟雨；有閒情者，還可擺上一桌
茶席，在其中撫琴品茗。孩提時
代少不更事，看了中國傳統水墨
畫，非常納悶，為什麼幾百個藝
術家只畫了一種題材，幾座山
頭，中間夾雜一個亭子，到了中
年才恍然大悟，這是多少代先人
的理想詩意的生活，遠離世事煩
擾，但問禪茶一味。

亭子的妙處，便在這裡。

「吾有正法眼藏，涅槃妙心，實相無相，微妙法門，不立文字，教外別傳……」，拈花微笑的故事深入人心，佛陀的一番話，開啟了禪宗在中國的生根發芽。禪宗的各種機鋒話頭，可以用璀璨來形容，沒有禪宗的睿智詼諧，這千年來的中國文化不知要黯淡多少。

禪是一味良方妙藥，可以化解身心的諸多憂惱。這「涅槃妙心」，既然人人具足，但願個個早日成佛。

魏晉南北朝時期，戰火頻仍，卻擋不住佛教美術的遍地開花。生如浮萍，聚散無常，然而人們對來生的嚮往充滿了真摯的追求。我相信那一雙雙工匠們的手，配合著昏暗的燭光，在一個個洞窟裡，留下無數的傑作，是心懷祝福的，祝福他們的家人平安，祝福自己得生善趣。

這些工匠們幾乎沒有留下任何名字，他們的默默無聞和今天人們在他們的藝術之前的讚歎驚訝，形成了鮮明對比。每每想到這兒，我會想像他們的模樣，但願他們已經抵達山河無恙的彼岸。

彼岸

佛陀已經涅槃，而等彌勒佛在人間成佛，要很久很久以後了，人生悲苦，多少次的輪迴中依然不認得自己的本來面目。偶爾有緣遇到高僧大德，我被他們的修為和學識深深地折服，多想成為他們，可以弘化一方。只是反觀自己，還是差了十萬八千里。

臨時抱佛腳，萬般來不及啊！

「諸行無常，諸法無我，涅槃寂靜」。有時煩惱生起，我會心中默默誦念「三法印」，簡簡單單十二個字，似乎把宇宙的真理全講明白了。兜兜轉轉尋找的真相，有時在驀然回首時才幡然驚醒。業力的驅使使人一次次迷失，可是涅槃寂靜處，就在那不經意的瞬間，從來都是對所有人開啟的。

我有時尋思，當下的我們，瞻仰著數不勝數的佛教遺址，從寺院到石窟，從雕刻到壁畫，我是幸運的，一次次的感動，構成了生命中最珍貴的記憶。千年後的人們，來觀看我們這個時代的佛教藝術遺存，不知做何感想？於我而言，那驚喜我的，從來不是金碧輝煌的壯觀場面，卻是那樸素的、祥和的、歡欣的線條，還有佛菩薩臉上靜謐的笑容。

曾經聽過一首古琴曲，名為〈樵歌〉。曲如其名，聽上幾遍，還真能聽見其中的山野之趣。我的運動細胞很是一般，但只要進得山來，人立即可以活潑幾分，大概是聞見了樹木的芳香，精神立馬得到滋潤的緣故。我喜歡看那些不知名的樹，互相不爭不搶，也不在意彼此長什麼樣，一切自自然然，毫不矯揉造作，該發芽時發芽，該落葉時落葉。

人對待自己的肉身不也應該如此嗎？莊子講得好：「生者，寄也；死者，歸也。」樵夫之樂，我只能揣摩了，但天地間的萬法，處處都是跳脫解脫之法，只是我們卻作繭自縛了。

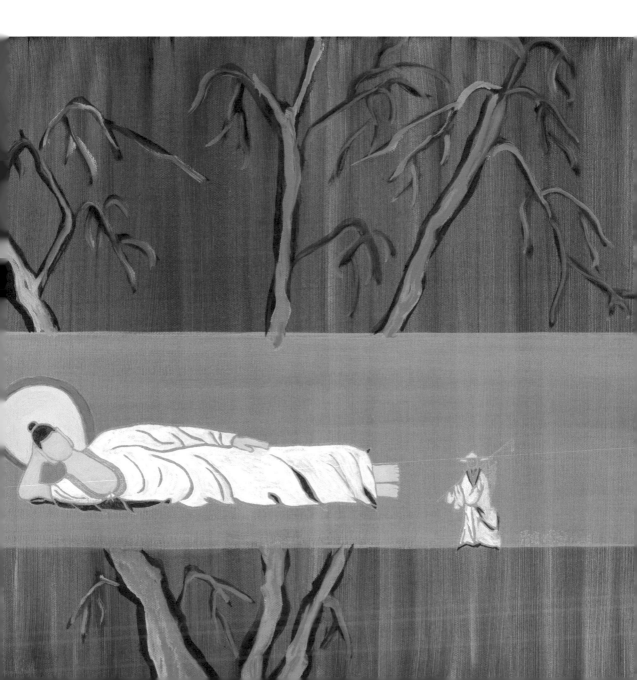

我曾經去過幾趟山西，專門去參訪老建築，有些木構建築保存的完好程度讓人感到萬幸。山西地貌相對封閉，加上路途崎嶇，有些老物件深藏在村落，僥倖躲過了戰火和朝代的更迭。那些村落裡延續幾百年的祠堂和戲台，規制氣派，放到如今，也是相當豪奢的。當地的百姓多有祭拜祖先禮敬天地的習俗，因為這樣一份敬畏心，文明的符號才得以傳承。

每個人的心裡都應該有這樣一張供桌，傳遞我們對信仰的禮讚。

我經常說，當你領會到佛陀的開示是何等智慧時，你的雙腿，會不由自主地跪拜下去。

很多人對年齡諱莫如深，我對年齡這個事倒是坦然，不管你信不信，生命就是彈指一揮間的事情。在如此短暫的過程中，要去計較成敗是非得失真是勞心勞力。

如果了知了自己不過是宇宙銀河中，剎那跌落的一粒微塵，是否會瀟灑走一回呢？對於「無我」的觀照，真得時時提起來呀！

竹林七賢的風骨為後世所稱道，那是屬於魏晉的風流。他們的故事，至今讀來依然令人瞠目結舌，他們無形中給中國的知識分子立下了一道出格的標竿，似乎所作所為都是俗鄙不堪的。

其中的嵇康應是領銜人物，為了嘗試接近這位偶像的精神，我彈會了〈廣陵散〉全本約二十四分鐘的古琴曲。曲子雖然會了，但要像嵇康這樣，在生死攸關之際，撫琴一曲，卻是萬萬不能的。

想到一句「電光影裡斬春風」，這份從容，不知要多少世才能修來！

一路行來，雲開月明。

如果找到了生命的節奏，就能不時地仰望天空，細數繁星；我們終究是微塵中的微塵，也就不急著步履匆匆，再怎麼形孤影單，也是無盡的涅槃風光。

看主流的中國古代繪畫史，一片的歲月靜好，似乎從來沒有朝野的紛爭、百姓的顛沛。古代的畫家們心照不宣達成了協議，只畫心中的山河之美，只有詩酒田園打動他們的心靈，其他，不值得入畫，也不屑於入畫。只有在遙遠的敦煌壁畫上，有難得一見的類似「捨身飼虎」的激烈場面，也許還是受了異域文化的影響。

這些古代的藝術家們，酷愛線條的表現，而捨棄了光影的追求。我始終相信，這是一個選擇，也成就了與自然和諧的結果。中國人，放不下天人合一的內心偏好，這一生，就畫那幾根山脊的起伏，又有何妨？

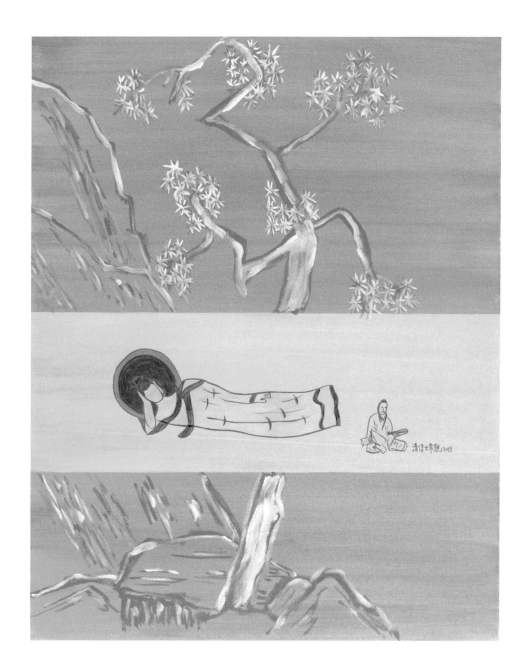

沒有人不喜歡陶淵明的，他是田園詩派第一人。由於他的歸隱，使我們的基因裡，從此嵌入了隱逸的理想。我還沒見過世界上哪一個民族如此癡迷「隱逸」的。

保有真純難能可貴，尤其在飽經風霜後依然初心不改；歷經千山萬水，才會品味「採菊東籬下，悠然見南山」的淡泊。

在紛擾的世事間，不如遠離各種怨懟的情緒，就在心中長出一片桃花源來，也可悠哉悠哉。

這些年來除了旅行，我都會按部就班地在工作室創作，偶爾產生一件連自己都喜出望外的作品，就能夠樂上好一陣子。創作是孤獨的，但我也很享受這份寂寞。我不敢說信仰帶給了我多少改變，至少，帶給了我勇氣。活著，是需要一份勇氣的；活得好，更是需要一份大無畏的勇氣的。

相信真善美，相信自己所做的事情有意義，這樣一份相信，是從多少的懷疑中摸爬滾打而來。

因為勇氣，有了安住的力量，才能踽踽前行。

安住

我常常看到周邊的朋友，他們有足夠的努力，有充足的才華，可就是運氣不好，過得不夠稱心如意。所謂的天才，總是少之又少，大部分時候拚的就是福報吧，可見耕耘福田多麼重要。

細想起來，一切的現狀就是果報的呈現，實在沒有理由不好好耕耘；能夠四肢健全，豐衣足食，還能修習佛法，珍惜這無上的福報吧！

有人問我創作的靈感來自哪裡？除了各種知識，應該是我和世界保持了適當的距離。這份距離拿捏好了，便省出了屬於自己的很多時間，與其取悅別人，不如多在內心發掘生命深處的喜樂。定力不夠，很容易被各類潮流牽引，走遠了，連為什麼出發都忘得一乾二淨。

因為這樣一份距
離，我盡量使自己
保有一份清明。外
界再怎麼喧囂，日
子還是自己的日
子，即使在黑暗的
時分，也有一盞燈
火，可以點亮瑣碎
的日子。

王摩詰有一句「晚年唯好靜，萬事不關心」，參禪悟道終究是個人的事情，自己的話頭還得自己看護。不管身處鬧市還是幽居山林，多多觀照自己的一言一行，反覆演練「緣起性空」的法則，說不定就進入了「無諍三昧」呢。

修行中的多少行為舉止，真的是三歲小兒說得，八十老翁做不得！

中國人從前是優雅到骨子裡的，講究的人家，出個門，都要提前在衣服中熏香的。那個香味要在似有似無間隱約飄來方為高級的，而刺鼻的香味是為人所鄙視的；聞之雅淡，含蓄沁神，才是大家鍾愛的。

熏香的習俗在華夏土地上由來已久，佛教傳入東土，正好借香獻佛，一句「爐香乍爇，法界蒙熏」，開啟了多少古剎舊寺的濛濛晨色。

我也好香，只是門外漢，但是偶遇收有高級奇楠的藏者，也會不失時機坐下來，聞一聞那妙不可言的人間極品。

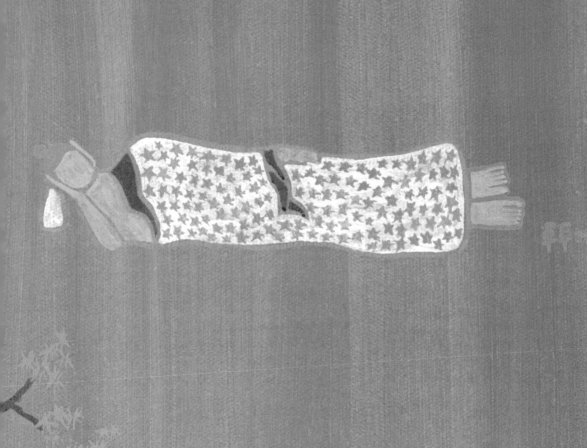

看到這朵祥雲，
就想到「日日是好日」。

禪家真是有睿智，如果心中萬里無雲，哪有什麼煩惱的波浪可起呢？
如果不作二元分別，哪有對錯美醜之分呢？如果你就是我，我就是
你，世上哪來的戰爭搶掠？

「無緣大慈，同體大悲」，多學學大菩薩的境地，人生何嘗不是「日
日是好日」！

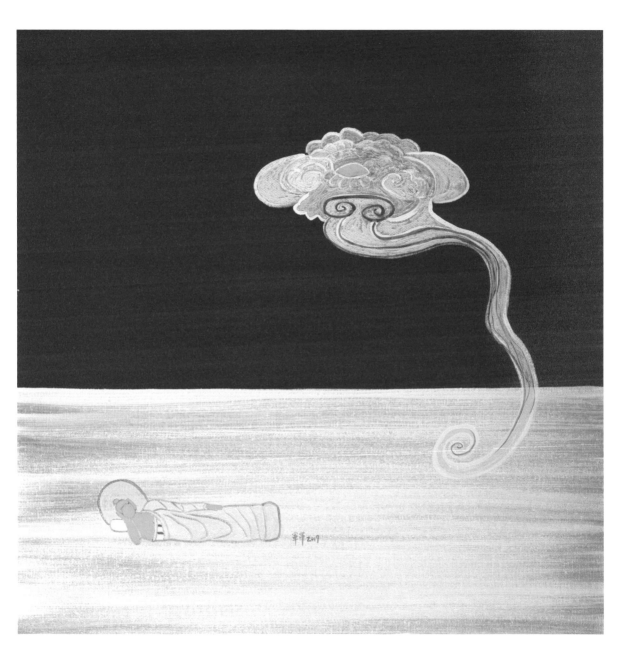

有一次在蒙古的大草原上觀星，滿天的璀璨，美得讓人窒息。星星亮如寶石般剔透，這樣的星空在如今的城市裡再也看不到了，光的汙染徹底遮蔽了天空原有的純淨。

城市文明到底將把人類帶向何方？我們的子孫後代還有資源可享嗎？我們這一代對自然界索取了太多，如聖嚴師父所講：「需要的不多，想要的太多。」

我實在無力找到人類的出路，只是在晚間散步時，經常會仰望天空，想念那片遠離光源的絕對的黑暗；只有在絕對的黑暗中，星星才能閃耀我的眼睛。

過去這些年參訪佛教藝術的石窟，給了我諸多藝術上的啟發，這份營養如細雨潤無聲，綿長而深遠。是否曾經在哪尊佛像前供過一盞燭火，所以今生我才有福分目睹千年的佛像，沉浸在永恆的美好中呢？

參訪石窟時也有趣事。曾經到甘肅的涇川縣，聽說那裡有一些北魏期間散落的洞窟，當地人帶路到了一個地方，牌子上立著：西王母宮。西王母被塑成什麼樣子已全無印象，當時愛講效率的毛病就犯了，我說我要看佛，不是看西王母，老鄉笑說，不著急，隨即繞過西王母到了黑漆漆的洞窟裡。沒想到裡面還有七、八米高呢！見到了釋迦、多寶雙佛並坐，雖然風化得屬害，但還是看到了北魏的典型樣貌。

這份驚喜來得突然，只是冒犯了西王母這位護法，只好心中暗暗賠罪。

我在畫中除了用我的本名簽名外，還用到了「清信士常觀」，好多人不解「清信士」的涵義，其實在南北朝時期很多的造像碑上，「清信士」比比皆是，是指那些對佛法有清淨信心的三寶弟子，虔心供養，大家一起集資造佛刻碑。

有些造像碑動用了全村的力量，有上百個「清信士」的名字在碑上，到了偏遠的村落，村民並無財力請到一流的雕刻工匠，這些談不上精品的雕刻作品，絲毫不影響佛菩薩在鄉野村民心中的地位，我能想像，當年的造像碑一定放在全村最重要的位置，供人瞻仰，多少位「清信士」的心願，曾經在碑前許下。

我極心儀一位元代的畫家倪瓚，據說他有嚴重的潔癖，生活中一定活得辛苦萬分，不過他留下的畫作，件件上品，全是超塵脫俗的手筆。藝術史上俗氣的作品占了大多數，因為俗人總是大多數。

雲林的畫裡亭中無人，枯筆帶過，一派意猶未盡。東西方文化有些可以碰撞溝通，但是「蕭瑟」二字很難被傳譯。長期浸淫佛法，我經常提醒自己要有圓融的氣度，只是習性難改，常常劍走偏鋒，難免悲天憫人，對於「蕭瑟」的意境，心有戚戚！

人人心中都有一顆摩尼寶珠，只是因為塵灰而覆蓋了光澤。外面的世界難免有汙垢、有醜陋、有不平，就看心如何對待。

心能轉物，那就萬事太平；心若莊嚴，何處不是淨土？

莊嚴

閒來無事翻看過去的作品，常有一種恍惚的感覺，心想當時不畫這件作品，現在也畫不出了。人的心境其實一直在變，專注的地方也有所不同。所以人與人相互了解並不容易，光是了解自己就是一輩子的功課。

這也是生命頗有趣的地方，回首過往，可以看到不同階段的自己，甚而發現自己竟有此等的潛力。三十年前的我，怎麼能想到如今的我，天天與佛像打交道呢！

中國這片土地，山水的靈秀
之氣著實迷人，山水很遼
闊，而人類卻渺小，西方文
化很強調人的個性，而華夏
文明始終傾向於「藏」，個
性不能過於張揚，否則招來
禍患。

佛門常藏在深山溝谷間，天
下名山僧占多，不得不佩服
祖師爺們真會選地方，晨鐘
暮鼓在那樣的山頭響起，自
然更能攝受心神，也更能參
悟涅槃的妙義。

遇到良師益友是殊為珍貴的人生財富，他
們像一盞盞明燈可以照亮前行的方向，我
不能想像，如果沒有他們，我是否還在原
地踏步。他們開啟了一扇扇窗戶，讓我望
見更遙遠更靚麗的風景。

但願我的些許耕耘，也能帶給世間微小的
光明。觀音菩薩的大願是「千處祈求千處
應，苦海常作度人舟」，我還身單力薄，
就從照管好自己的心念做起吧！

我並沒有那麼憎惡下雨天，比如在夏日聽雨打芭蕉也是樂事。悅耳的音樂不僅在樂譜中，天地間無時不有，大自然的美固然是美，但沒了欣賞美的眼睛，聽見美的耳朵，一切也是徒然。

發現美，是一種能力，當然保持快樂，更是巨大的能力。我不知如何描述幸福的密碼，但這樣一幅《芭蕉涅槃圖》，令我有莫名的歡喜。

諸事一笑置之，是個明智的方法，因為人間瑣事，各各立場不同，很難有對錯的標準，況且人與人之間的衝突，按照三世因果的說法，不是討債就是還債，更是糾纏不清。

不如多看看佛菩薩的笑容，那份慈悲，那份包容，那份輕鬆，須時常練習。只有當你面帶微笑，你周圍的一切能量才能報以祥和的回報。多少次，一念瞋心起，不知毀了多少功德啊！現在起，就來一聲「滄海一聲笑」。

炳靈寺編號為一二五號的龕位，是我看遍絕大多數石窟以來，認為最美的雙佛並坐雕像。這兩尊佛像鑿於北魏年間，當時與之對立的南朝流行清談之風，崇尚羸弱之美，這兩尊佛彷彿是兩位老友在愉快地交談，欣欣然間達成高度的默契。只是這種在金陵一帶引為風尚的秀骨清像，如何跋山涉水，在當時的西北，一片石窟群中，留下了如此美輪美奐的造像作品。

文明交流的活躍程度永遠超過我們的想像，我們認為的飛機、高鐵不能到達的地方，古人早就穿越了。

多年前第一次造訪麥積山石窟，我就被征服了。麥積山的造像，不似龍門和雲岡，有鴻篇巨製的震撼，倒像是涓涓細流，一個個小龕鎖著窗欄，被打開的瞬間，佛菩薩無比美好的面容和身形，頓時讓人變得詞窮，文學中所有的形容詞都不足以代表眼前這些塑像所呈現的曠世絕倫。

麥積山的造像大多溫婉親切，置身其中，心也變得無限柔和起來。這批雕刻師絕對偉大，偉大到後代的我們，只有老老實實復刻臨摹的能力，而再難有所突破。

也好，有些美，注定在某個時空定格而成為經典，我們能多看一眼，也該竊喜不已的。

十多年前隨著寬謙法師的腳步，到印度朝聖佛教的遺址，旅行中的感動至今想來還是心潮澎湃。身臨那片土地，恆河近在咫尺，經書中的佛陀彷彿走到我們跟前，那般慈祥，那般偉岸，他還是感覺到了我們的愚癡和無助，在他老人家這裡，我們就等著他開口：當為汝說。

從鹿野苑初轉法輪到菩提樹下開悟證道，從藍毘尼園降生到娑羅樹間涅槃，一路走來，緬懷著聖人的教導，兩千多年過去，佛陀的名字在印度幾乎被淡忘，但絲毫不減我們這些遠道而來的追隨者的信心。

國人好圖吉利，便選擇了紅色做為國色，但吉利和紅色之間為何劃上了等號，其實非常神祕。紅色具熱情和奔放，一副王者風範，有一錘定音的效果。紅色在畫作中卻是極難駕馭的一種顏色，一不小心就言過其實了。印象派的畫家馬諦斯紅色用得恰到好處，掛在牆面，是足以改變一個空間的調性的。

我的作品中使用了大量的中國傳統色，顏色的豐富程度經常讓印刷廠的技術人員犯愁，生怕還原不了原有顏色的微妙。還有不少人問我，這麼多好看的顏色是怎麼調出來的呀？倒問得我一時語塞。不過如果能為佛教藝術史增添一抹色彩，我願肝腦塗地。

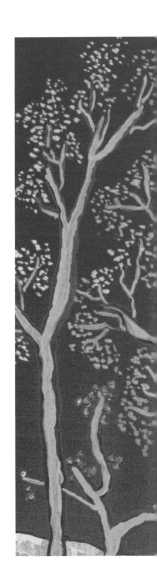

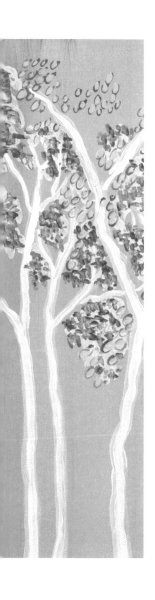

這些年集中精神創作，作品的呈現，從數量到質量，對自己還算交代得過去。雖然人情上過於疏淡，但一生就這麼點時間，不是用在這裡，就是用在那裡，全看自己的選擇了。

原先把這個過程看作是一場生死追問，時間久了，稍稍明白，我哪裡夠得上資格做生死追問，不過是生死之勞逼迫著我等，在生與死的間隙，能稍做思惟，向真善美再靠攏一些，就不枉此生了。

有一年冬天參訪金塔寺石窟途中，傍晚溫度驟降，地上結冰，輪胎打滑，車子撞得不輕，人倒安然無恙。見到守窟人全家，他們也在萬幸剛剛脫離一場滅頂之災。原來西北的冬天溫度極低，石窟的山腳下，水都凍成了冰，只有一個大窖存著冰塊，每天得挖冰塊拿去室內融化，才有湯湯水水。那天腳下一不留神，守窟人掉到了冰窖裡，爬不上來，還好臨近過年，老父親來家團聚，見人還沒回來，才去探看，救得兒子一命。

這算不算佛菩薩顯靈？我相信是的。但願日子平安，諸事逢凶化吉。

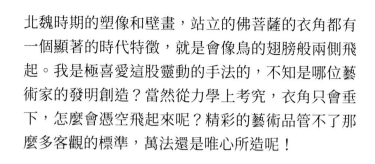

北魏時期的塑像和壁畫，站立的佛菩薩的衣角都有一個顯著的時代特徵，就是會像鳥的翅膀般兩側飛起。我是極喜愛這股靈動的手法的，不知是哪位藝術家的發明創造？當然從力學上考究，衣角只會垂下，怎麼會憑空飛起來呢？精彩的藝術品管不了那麼多客觀的標準，萬法還是唯心所造呢！

每個人心目中的淨土世界大不相同，世間因為價值觀的差異，無端多出諸般紛爭。別人的世界終究是別人的世界，不如把自己的念頭照顧妥貼，這一方空間，也是可滿室芬芳的。

每個人大概都有這種經驗，突然發現眼前的場景，似曾相識。也許在某個時空中這一切早就發生過，時空的祕密誰能參透呢？所以，很多地方，我們早就去過；很多人，我們也早就相識。

傳說中的量子碰撞應該就在描述這種現象，芸芸眾生，不就是換了一身衣裳，還在這熙熙攘攘的街市中各自奔波。我為誰忙？這驚天一問，想到自身，不過是每日癡人說夢罷了。

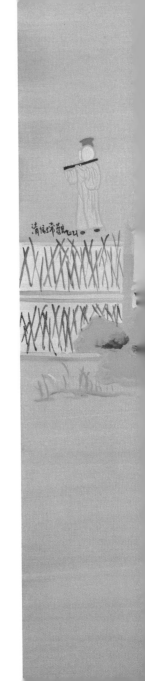

中國古詩詞的精妙，人人皆知。詩詞裡有禪機的，尤為我所愛。比如：「我來問道無餘說，雲在青天水在瓶。」事事各安其位，哪裡來的高低分別？比如：「不是一番寒徹骨，爭得梅花撲鼻香？」修行不是一朝一夕的事，須得勤修苦練，才能守得雨過天晴。比如：「今朝塵盡光生，照破山河萬朵。」禪者的氣度，非我能揣摩，應該是那種清清楚楚、明明白白、波瀾不驚的坦蕩吧。又比如：「山花落盡山常在，山水空流山自閒。」如果離了禪，這些妙句竟是無處讀懂的。

最近這些年，總是被問到為什麼要從事「涅槃」這個題材，被問多了，只好自己來做個總結。究其根源，主要有三。其一緣自從小對生死問題的敏感。少不更事時，隱隱感知到世間的荒誕，無常的殘酷，既然都逃脫不了曲終人散，那活著的意義何在？其二是對中國古代佛教藝術的熱愛。沒有這些先人們的啟迪，我的藝術無從談起。我本洞中一匠人，感恩上天，今生還有機會從事這份工作。其三是做為一名佛弟子回饋的情懷。我從佛法中受益良多，在其中的領受超乎所有，潛移默化間，一言一行竟都離不開佛法的教誨。

萬法如如不動，何曾需要我一介凡夫的回饋，又是我一廂情願了。